Arte y cultura

Bailes alrededor del mundo

Comparación de grupos

Linda Claire

Hay más zapatillas que tutús.

Rusia

ballet

Hay menos vestidos que chaquetas.

Cuba

salsa

Hay la misma cantidad de faldas que de mantos.

Nueva Zelanda

haka

Hay más vestidos que chalecos.

Irlanda

giga irlandesa

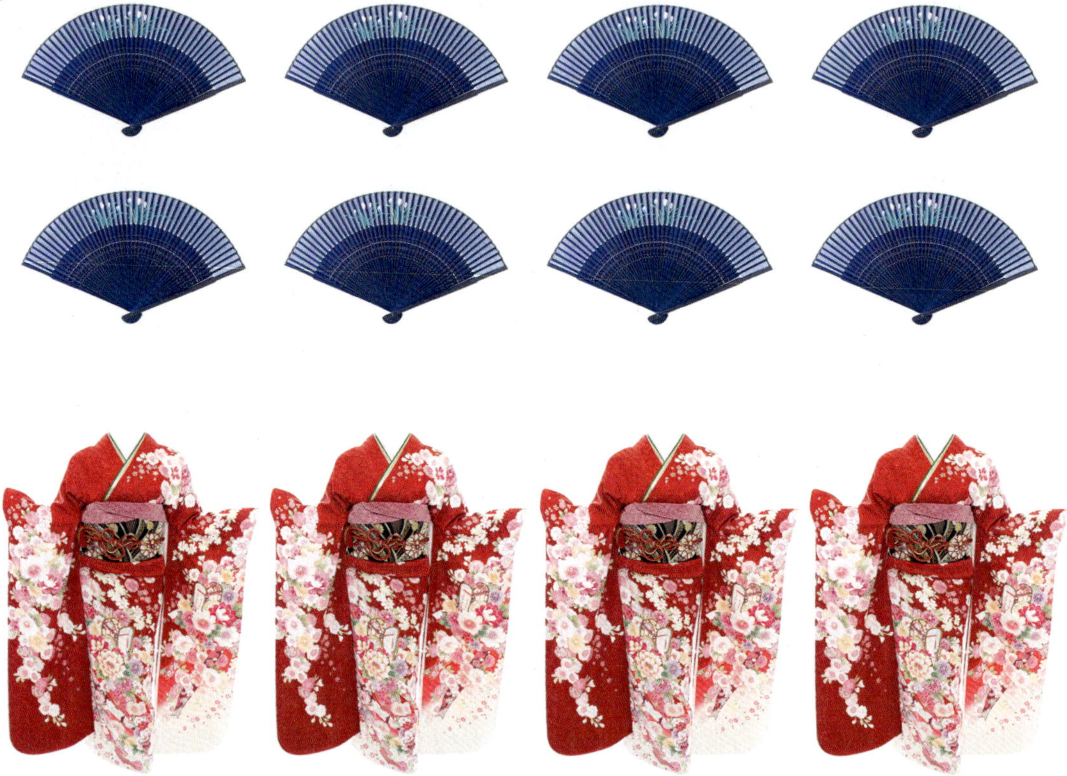

Hay menos kimonos que abanicos.

Japón

kabuki

Hay la misma cantidad de máscaras que de tambores. Las cantidades son iguales.

Nigeria

gelede

Hay menos gorras que tenis.

Estados Unidos

break dance

Resolución de problemas

Rosa tiene muchas cosas para bailar. Cuéntalas y compáralas.

1. ¿Hay más tutús o más zapatillas?

2. ¿Hay menos abanicos o menos sombrillas?

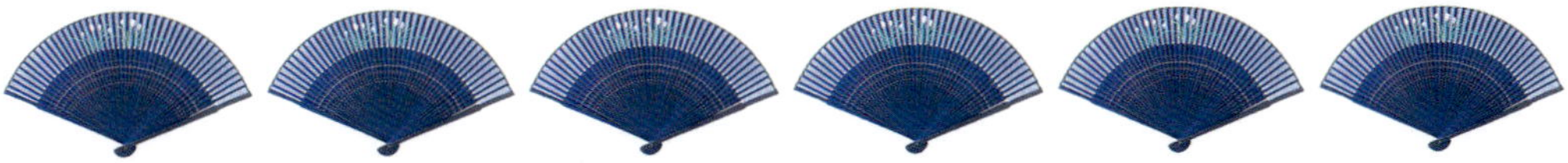

3. ¿Cómo comparaste las cosas de estos grupos?

Soluciones

1. tutús
2. sombrillas
3. Las respuestas variarán, pero pueden incluir contar o unir.

Asesoras

Nicole Belasco, M.Ed.
Maestra de jardín de niños, Distrito Escolar Colonial

Colleen Pollitt, M.A.Ed.
Maestra de apoyo de matemáticas, Escuelas Públicas del Condado de Howard

Créditos de publicación

Rachelle Cracchiolo, M.S.Ed., *Editora comercial*
Conni Medina, M.A.Ed., *Redactora jefa*
Dona Herweck Rice y Emily R. Smith, M.A.Ed., *Realizadoras de la serie*
Diana Kenney, M.A.Ed., NBCT, *Directora de contenido*
June Kikuchi, *Directora de contenido*
Véronique Bos, *Directora creativa*
Robin Erickson, *Directora de arte*
Caroline Gasca, M.S.Ed., *Editora superior*
Stacy Monsman, M.A. y Karen Malaska, M.Ed., *Editoras*
Michelle Jovin, M.A. y Sam Morales, M.A., *Editores asociados*
Fabiola Sepúlveda, *Diseñadora gráfica*
Jill Malcolm, *Diseñadora gráfica básica*

Créditos de imágenes: pág.6 (superior) 3C Stock/Alamy; pág.6 (inferior) National Museum of New Zealand Te Papa Tongarewa; pág.7 Jack Grieve/Alamy; pág.12 (superior) PRAWNS/ Alamy; pág.13 Danita Delimont/Alamy; todas las demás imágenes provienen de iStock y/o Shutterstock.

Library of Congress Cataloging-in-Publication Data

Names: Claire, Linda, author.
Title: Arte y cultura. Bailes alrededor del mundo : comparaci?on de grupos / Linda Claire.
Other titles: Art and culture. Dancing around the world. Spanish | Bailes alrededor del mundo
Description: [Huntington Beach, CA] : Teacher Created Materials, Inc., [2020] | Series: Mathematics readers | Audience: K to grade 3. |
Identifiers: LCCN 2018052839 (print) | LCCN 2018054924 (ebook) | ISBN 9781425822835 (eBook) | ISBN 9781425828219 (pbk.)
Subjects: LCSH: Dance--Juvenile literature. | Mathematics--Juvenile literature.
Classification: LCC GV1596.5 (ebook) | LCC GV1596.5 .R5318 2020 (print) | DDC 792.8--dc23
LC record available at https://lccn.loc.gov/2018052839

Teacher Created Materials
5301 Oceanus Drive
Huntington Beach, CA 92649-1030
www.tcmpub.com

ISBN 978-1-4258-2821-9

Printed by: 51497
Printed in: China